ANDRÉA JOURDAN

Complètement

SOUPES FROIDES

LES ÉDITIONS DE
L'HOMME
Une société de Québecor Média

Design graphique : Josée Amyotte
Infographie : Chantal Landry, Johanne Lemay
Révision : Lucie Desaulniers
Correction : Sylvie Massariol
Photographies : Philip Jourdan

DISTRIBUTEUR EXCLUSIF :
Pour le Canada et les États-Unis :
MESSAGERIES ADP*
2315, rue de la Province
Longueuil, Québec J4G 1G4
Téléphone : 450-640-1237
Télécopieur : 450-674-6237
Internet : www.messageries-adp.com
* filiale du Groupe Sogides inc.,
  filiale de Québecor Média inc.

Suivez-nous sur le Web

Consultez nos sites Internet et inscrivez-vous
à l'infolettre pour rester informé en tout
temps de nos publications et de nos concours
en ligne. Et croisez aussi vos auteurs préférés
et notre équipe sur nos blogues !

EDITIONS-HOMME.COM
EDITIONS-JOUR.COM
EDITIONS-PETITHOMME.COM
EDITIONS-LAGRIFFE.COM

Imprimé en Chine

03-13

Dépôt légal : 2013
Bibliothèque et Archives nationales du Québec

ISBN 978-2-7619-3456-5

Gouvernement du Québec – Programme de crédit
d'impôt pour l'édition de livres – Gestion SODEC –
www.sodec.gouv.qc.ca

L'Éditeur bénéficie du soutien de la Société de
développement des entreprises culturelles du Québec
pour son programme d'édition.

 Conseil des Arts **Canada Council**
du Canada   for the Arts

Nous remercions le Conseil des Arts du Canada de
l'aide accordée à notre programme de publication.

Nous reconnaissons l'aide financière du gouvernement
du Canada par l'entremise du Fonds du livre du Canada
pour nos activités d'édition.

Table des matières

Crème d'avocat
sur betterave glacée

PORTIONS: 4 **PRÉPARATION:** 20 min **RÉFRIGÉRATION:** 30 min

3 betteraves, cuites et
   refroidies, coupées en dés

2 oignons doux, hachés

250 ml (1 tasse) de bouillon
   de légumes

6 gros glaçons

125 ml (½ tasse) de crème
   à fouetter 35 %

Sel et poivre

2 avocats mûrs, pelés

1 c. à soupe de jus de citron

Au robot culinaire, mélanger les betteraves et les oignons 1 minute. Verser le bouillon de légumes et mélanger 2 minutes. Ajouter les glaçons et pulser, par petits coups successifs, jusqu'à ce qu'ils soient complètement incorporés. Réfrigérer 30 minutes.

Dans un bol, fouetter la crème jusqu'à ce qu'elle forme des pics fermes. Saler et poivrer légèrement. Réserver.

Au robot culinaire, mélanger les avocats et le jus de citron jusqu'à l'obtention d'une purée lisse. Verser dans le bol de crème fouettée et mélanger délicatement.

Verser la soupe dans des bols individuels. Garnir de crème d'avocat et servir immédiatement.

Crème d'oignon et d'ail rôtis

PORTIONS: 4   **PRÉPARATION:** 10 min   **CUISSON:** 45 min   **RÉFRIGÉRATION:** 30 min

8 gros oignons doux, non pelés

9 gousses d'ail, non pelées

2 c. à soupe d'huile d'olive extra vierge

500 ml (2 tasses) de bouillon de légumes, froid

1 c. à café de romarin frais, effeuillé

125 ml (½ tasse) de cidre de glace (facultatif)

Glaçons

8 tranches de pain, grillées

Préchauffer le four à 190 °C (375 °F).

Déposer les oignons et 8 gousses d'ail sur une plaque de cuisson recouverte de papier sulfurisé. Arroser d'huile d'olive et mettre au four pendant environ 45 minutes, jusqu'à ce que les oignons soient tendres et dorés. Retirer du four et laisser refroidir 15 minutes.

Peler les oignons et les gousses d'ail, puis mettre au robot culinaire et mélanger 2 minutes. Ajouter le bouillon de légumes, le romarin et le cidre de glace. Mélanger encore 2 minutes. Réfrigérer 30 minutes.

Frotter les tranches de pain grillées avec la gousse d'ail réservée. Verser la soupe dans des bols individuels et ajouter quelques glaçons. Garnir de croûtons à l'ail et servir immédiatement.

NOTE : Pour une soupe plus liquide, ajouter un peu de bouillon de légumes.

Crème de brocoli au basilic

PORTIONS: 6   **PRÉPARATION:** 10 min   **CUISSON:** 24 min   **RÉFRIGÉRATION:** 2 h

1 c. à soupe de beurre

1 oignon doux, haché

1 branche de céleri, hachée

3 c. à soupe de riz rond

1 brocoli, en gros bouquets

1 bouquet de basilic vert

3 litres (12 tasses) de bouillon de légumes

½ c. à café de poivre noir frais moulu

1 petit bouquet de basilic pourpre

Dans une casserole à feu moyen, faire fondre le beurre. Ajouter l'oignon, le céleri et le riz. Cuire 2 minutes. Ajouter le brocoli, la moitié du basilic vert et le bouillon de légumes. Porter à ébullition. Baisser le feu et cuire 20 minutes. Retirer du feu et laisser refroidir 10 minutes.

Transférer la préparation au robot culinaire. Ajouter le poivre, le reste du basilic vert et quelques feuilles de basilic pourpre. Mélanger jusqu'à l'obtention d'une soupe lisse. Passer la soupe au tamis. Réfrigérer 2 heures.

Verser la soupe dans des bols individuels. Garnir de feuilles de basilic pourpre et servir.

NOTE : Goûter avant de réfrigérer pour ajuster l'assaisonnement. Selon le bouillon utilisé, il faut parfois ajouter une pincée de sel.

Crème de truite fumée au lait de coco

PORTIONS: 4   **PRÉPARATION:** 8 min   **RÉFRIGÉRATION:** 30 min

300 g (10 oz) de truite fumée

2 c. à soupe de jus de citron vert

1 bouquet de ciboulette, hachée

1 bouquet de basilic thaïlandais, haché

250 ml (1 tasse) de bouillon de légumes, froid

500 ml (2 tasses) de lait de coco, froid

Sel et poivre

Au robot culinaire, mélanger la truite fumée et le jus de citron vert pendant 1 minute. Ajouter la ciboulette et un peu de basilic thaïlandais (garder le reste pour la garniture). Mélanger pendant 1 minute. Ajouter le bouillon de légumes et le lait de coco. Mélanger encore 3 minutes. Saler et poivrer, au goût. Réfrigérer 30 minutes.

Verser la soupe dans des bols individuels. Garnir de basilic thaïlandais et servir immédiatement.

Gaspacho blanc

PORTIONS: 4 **PRÉPARATION:** 10 min **RÉFRIGÉRATION:** 30 min

1 gros concombre, coupé en dés

1 chou-fleur, cuit à la vapeur et refroidi

500 ml (2 tasses) de lait d'amande

½ c. à café de sauce Tabasco

¼ c. à café de sel

3 c. à soupe de coriandre, hachée

2 c. à soupe de zeste de citron

Au robot culinaire, mélanger le concombre et le chou-fleur pendant 40 secondes. Tout en continuant à mélanger pendant 2 minutes, ajouter le lait d'amande, la sauce Tabasco et le sel. Réfrigérer 30 minutes.

Dans un bol, mélanger la coriandre et le zeste de citron.

Verser la soupe dans des bols individuels. Garnir du mélange de coriandre et de zeste de citron. Servir immédiatement.

Gaspacho classique

PORTIONS: 6   **PRÉPARATION:** 40 min   **RÉFRIGÉRATION:** 2 h

2 poivrons rouges, épépinés
  et coupés en dés

2 poivrons jaunes, épépinés
  et coupés en dés

2 concombres, épépinés et
  coupés en dés

6 tomates, pelées et coupées
  en dés

1 oignon blanc, coupé en dés

1 branche de céleri, coupée
  en dés

1 c. à soupe de persil, haché

1 c. à soupe de ciboulette,
  hachée

1 gousse d'ail, hachée

60 ml (¼ tasse) de vinaigre
  de vin rouge

125 ml (½ tasse) d'huile
  d'olive extra vierge

2 c. à soupe de jus de citron

2 c. à café de sucre

½ c. à café de sel

4 gouttes de sauce Tabasco

1 c. à café de sauce
  Worcestershire

1 litre (4 tasses) de jus
  de tomate

Préparer la garniture. Dans trois petits bols, mettre 1 poivron rouge en dés, 1 poivron jaune en dés et 1 concombre en dés. Réserver.

Au robot culinaire, mélanger le reste des ingrédients pendant 20 secondes en pulsant par petits coups successifs jusqu'à l'obtention de la consistance désirée. Couvrir et réfrigérer 2 heures.

Verser la soupe dans des bols individuels. Garnir des dés de poivrons et de concombres. Servir aussitôt.

NOTE: La consistance ne doit pas être trop liquide, mais légèrement **GRANULEUSE**.

Soupe à la fraise, au basilic et à la vodka

PORTIONS: 4   **PRÉPARATION:** 8 min   **RÉFRIGÉRATION:** au moins 1 h

450 g (3 tasses) de fraises fraîches, bien mûres

4 c. à soupe de sucre

12 grandes feuilles de basilic

500 ml (2 tasses) de jus d'orange frais

4 c. à soupe de vodka froide (facultatif)

1 c. à soupe de zeste d'orange

Au mélangeur ou au robot culinaire, mélanger pendant 1 minute les fraises et le sucre. Ajouter le basilic et le jus d'orange. Mélanger 2 minutes. Réfrigérer au moins 1 heure.

Verser la soupe dans des verres ou des bols individuels. Ajouter 1 c. à soupe de vodka dans chaque portion. Garnir de zeste d'orange et servir immédiatement.

Soupe Ajo blanco

PORTIONS : 4 **PRÉPARATION :** 20 min **RÉFRIGÉRATION :** 2 h

4 tranches de pain blanc, sans la croûte

750 ml (3 tasses) d'eau froide

150 g (1 tasse) d'amandes, blanchies

3 gousses d'ail, tranchées

5 c. à soupe d'huile d'olive extra vierge

2 c. à soupe de vinaigre de xérès

1 pincée de sel

100 g (1 tasse) de raisins verts, sans pépins

Tremper les tranches de pain dans 250 ml (1 tasse) d'eau pendant 5 minutes.

Au robot culinaire, mélanger le pain, les amandes et l'ail jusqu'à l'obtention d'une préparation homogène. Ajouter lentement l'huile d'olive et continuer à mélanger jusqu'à ce que l'huile soit complètement incorporée.

Ajouter le reste de l'eau froide, le vinaigre de xérès, le sel et les raisins. Mélanger jusqu'à ce que la préparation soit lisse. Couvrir et réfrigérer 2 heures.

Verser la soupe dans des bols individuels. Servir immédiatement.

Soupe aux herbes folles

PORTIONS: 4   **PRÉPARATION:** 20 min   **CUISSON:** 33 min   **RÉFRIGÉRATION:** 2 h

1 c. à soupe de beurre

1 grosse pomme de terre, coupée en dés

1 branche de céleri, hachée

1 oignon, haché

1 litre (4 tasses) de bouillon de légumes

1 feuille de laurier

½ c. à café de sambal œlek

1 bouquet de persil, haché

1 bouquet de cerfeuil, haché

1 bouquet de ciboulette, haché

1 petit bouquet de basilic, haché

Sel et poivre

2 tomates, épépinées et concassées

4 œufs de caille ou petits œufs de poule, cuits à la coque et à moitié écaillés

Dans une casserole, faire fondre le beurre. Ajouter les dés de pomme de terre, le céleri et l'oignon. Faire revenir 3 minutes, sans laisser colorer. Verser le bouillon de légumes et ajouter la feuille de laurier. Cuire à feu moyen 30 minutes. Retirer du feu. Ajouter le sambal œlek et mélanger. Laisser refroidir 15 minutes. Retirer la feuille de laurier.

Transférer la préparation au robot culinaire. Ajouter le persil, le cerfeuil, la ciboulette et le basilic. Saler et poivrer, au goût. Mélanger jusqu'à l'obtention d'une soupe lisse. Réfrigérer 2 heures.

Verser la soupe dans des bols individuels. Garnir d'un peu de tomate concassée et d'un œuf. Servir immédiatement.

NOTE: Toutes les herbes peuvent être utilisées dans cette soupe. Attention au basilic, qui a tendance à parfumer beaucoup plus que les autres herbes, plus délicates.

Soupe d'asperges au parmesan

PORTIONS: 4   **PRÉPARATION:** 20 min   **CUISSON:** 20 min   **RÉFRIGÉRATION:** 1 h

4 c. à soupe d'huile d'olive extra vierge

1 grosse pomme de terre, pelée et coupée en dés

2 échalotes, coupées en dés

1 litre (4 tasses) de bouillon de poulet ou de légumes

900 g (2 lb) d'asperges, pelées et coupées en tronçons

250 ml (1 tasse) de crème légère 15 %

4 c. à soupe de parmesan, râpé

Dans une casserole, chauffer 2 c. à soupe d'huile d'olive. Ajouter les dés de pomme de terre et d'échalote. Faire sauter 2 minutes. Ajouter le bouillon de poulet ou de légumes et porter à ébullition. Baisser le feu et cuire à feu moyen 10 minutes. Ajouter les asperges et cuire 7 minutes. Retirer du feu et laisser refroidir 15 minutes.

Transférer la préparation au robot culinaire. Mélanger pour obtenir une soupe lisse. Ajouter la crème et le parmesan râpé. Mélanger 1 minute. Réfrigérer 1 heure.

Verser la soupe dans des bols individuels. Garnir d'un filet d'huile d'olive et servir immédiatement.

Soupe d'avocat, de mangue et de poire

PORTIONS : 4   **PRÉPARATION :** 15 min

3 gros avocats, pelés

2 c. à soupe de jus de citron vert

250 ml (1 tasse) de bouillon de légumes, froid

2 mangues, pelées et coupées en dés

4 demi-poires au sirop (en conserve)

250 ml (1 tasse) de lait d'amande

¼ c. à café de sel

1 c. à soupe de poivre noir frais moulu

Au mélangeur ou au robot culinaire, mélanger pendant 1 minute les avocats, le jus de citron vert, le bouillon de légumes, la chair de 1 mangue et les poires. Ajouter le lait d'amande, le sel et le poivre. Mélanger 2 minutes.

Verser la soupe dans des bols individuels. Garnir des dés de mangue qui restent et servir immédiatement.

Soupe d'épinards à l'aneth et à la crème

PORTIONS: 4   **PRÉPARATION:** 20 min   **CUISSON:** 25 min   **RÉFRIGÉRATION:** 1 h

2 c. à soupe d'huile d'olive extra vierge

1 oignon, haché

1 pomme de terre, coupée en dés

600 g (1 ⅓ lb) d'épinards frais

2 litres (8 tasses) de bouillon de légumes

3 c. à soupe d'aneth frais, haché

Sel et poivre

4 c. à café de crème fraîche

Dans une casserole, chauffer l'huile d'olive. Ajouter l'oignon et la pomme de terre. Faire revenir 3 minutes. Ajouter les épinards et les laisser tomber pendant 2 minutes. Ajouter le bouillon de légumes et 1 c. à soupe d'aneth haché, puis mélanger. Cuire à feu moyen 20 minutes. Retirer du feu et laisser refroidir 10 minutes.

Transférer la préparation au robot culinaire. Ajouter le reste de l'aneth. Saler et poivrer, au goût. Mélanger pour obtenir une soupe lisse. Réfrigérer 1 heure.

Verser la soupe dans des bols individuels. Garnir de crème et servir immédiatement.

Soupe de carotte, de panais et d'orange

PORTIONS: 4 **PRÉPARATION:** 10 min **CUISSON:** 35 min **RÉFRIGÉRATION:** 2 h

2 c. à soupe d'huile d'olive extra vierge

8 carottes, coupées en dés

1 petit panais, pelé et coupé en dés

1 grosse pomme de terre, pelée et coupée en dés

2 litres (8 tasses) de bouillon de légumes

1 gousse d'ail

2 branches de persil

2 branches de thym

1 feuille de laurier

Le zeste de 1 orange, en un seul morceau

Sel et poivre

500 ml (2 tasses) de jus d'orange frais

4 c. à café de vinaigre balsamique

Dans une casserole, chauffer l'huile d'olive. Ajouter les carottes, le panais et la pomme de terre. Faire revenir 3 minutes, sans laisser colorer. Ajouter le bouillon de légumes, l'ail, le persil, le thym, le laurier et le zeste d'orange. Cuire à feu moyen 30 minutes. Saler et poivrer, au goût. Laisser refroidir 10 minutes.

Retirer le zeste d'orange, le laurier, le thym et le persil.

Transférer la préparation au robot culinaire et mélanger 2 minutes. Réfrigérer 2 heures.

Ajouter le jus d'orange à la soupe et fouetter pour bien l'incorporer.

Verser la soupe dans des bols individuels. Garnir d'un filet de vinaigre balsamique et servir immédiatement.

Soupe de champignons aux herbes

PORTIONS: 4   **PRÉPARATION:** 30 min   **CUISSON:** 25 min   **RÉFRIGÉRATION:** 1 h

20 g (²/₃ oz) de champignons séchés

250 ml (1 tasse) d'eau chaude

2 c. à soupe de beurre

1 branche de céleri

2 échalotes, hachées

450 g (1 lb) de champignons blancs, coupés en dés

1 litre (4 tasses) de bouillon de poulet

Sel et poivre

2 c. à soupe de cerfeuil, haché

1 c. à soupe de thym frais, haché

1 c. à soupe de persil, haché

1 c. à soupe de livèche, ou feuilles de céleri, émincée

125 ml (½ tasse) de crème légère 15 %

4 gros champignons blancs, émincés

Dans un bol, faire tremper les champignons séchés dans l'eau chaude pendant 30 minutes.

Dans une casserole, faire fondre le beurre. Ajouter le céleri et les échalotes. Faire revenir à feu doux 1 minute. Ajouter les dés de champignons et faire revenir 3 minutes en remuant. Ajouter le bouillon de poulet, les champignons séchés avec leur eau de trempage, une pincée de sel et de poivre. Cuire 10 minutes à feu doux. Incorporer les herbes hachées et cuire encore 10 minutes. Retirer du feu et laisser refroidir 10 minutes.

Transférer la préparation au robot culinaire. Ajouter la crème et mélanger jusqu'à l'obtention d'une soupe presque lisse. Rectifier l'assaisonnement. Réfrigérer 1 heure.

Verser la soupe dans des bols individuels. Garnir de champignons émincés et servir immédiatement.

Soupe de concombre au yogourt et à la coriandre

PORTIONS: 4   **PRÉPARATION:** 8 min   **RÉFRIGÉRATION:** 1 h

2 petits oignons

2 concombres, coupés en dés

500 ml (2 tasses) de sauce tzatziki du commerce

1 bouquet de coriandre

500 ml (2 tasses) de yogourt nature, 0 % matière grasse, froid

250 ml (1 tasse) de bouillon de légumes, froid

¼ c. à café de poivre moulu

Émincer 1 oignon et réserver pour la garniture.

Au mélangeur ou au robot culinaire, mélanger le reste des ingrédients pendant 2 minutes. Réfrigérer 1 heure.

Verser la soupe dans des bols individuels. Garnir d'oignons émincés et servir immédiatement.

Soupe de concombre et de pomme verte au fromage de chèvre

PORTIONS: 4   **PRÉPARATION:** 15 min   **RÉFRIGÉRATION:** 30 min

2 concombres, coupés en dés

2 c. à soupe de zeste de citron vert

1 pomme verte, pelée et coupée en dés

250 ml (1 tasse) de jus de pomme

2 c. à soupe d'huile d'olive extra vierge

225 g (8 oz) de fromage de chèvre frais

Sel et poivre

125 g (4 oz) de fromage de chèvre sec

4 croûtons de pain

Au robot culinaire, mélanger pendant 2 minutes les concombres, le zeste de citron vert, les dés et le jus de pomme et l'huile d'olive. Ajouter le fromage de chèvre frais. Saler et poivrer au goût. Mélanger encore 2 minutes. Réfrigérer 30 minutes.

Préchauffer le four à 200 °C (400 °F). Étaler le fromage de chèvre sec sur les croûtons de pain. Mettre au four quelques minutes pour dorer le fromage.

Verser la soupe dans des bols individuels. Garnir de croûtons de chèvre chaud et servir immédiatement.

Soupe de concombre glacée aux crevettes nordiques

PORTIONS : 4   **PRÉPARATION :** 10 min   **RÉFRIGÉRATION :** 1 h   **CONGÉLATION :** 15 min

6 petits concombres, coupés en dés

6 pêches mûres, pelées et coupées en dés

1 échalote, hachée

¼ c. à café de sel

½ c. à café de poivre de Sichuan, moulu

250 ml (1 tasse) de nectar de pêche

2 c. à soupe de ciboulette, hachée

Glaçons

225 g (8 oz) de crevettes nordiques

Au robot culinaire, mélanger pendant 1 minute les dés de 5 concombres, de 4 pêches et l'échalote. Ajouter le sel, le poivre de Sichuan et le nectar de pêche. Mélanger pour obtenir une soupe lisse. Passer la soupe au tamis. Réfrigérer 1 heure. Mettre au congélateur 15 minutes.

Dans un bol, mélanger le reste des dés de concombre et de pêches et la ciboulette. Ajouter à la soupe refroidie.

Verser la soupe dans des bols individuels. Ajouter quelques glaçons dans chaque bol. Garnir de crevettes nordiques et servir immédiatement.

Soupe de fenouil à la tomate et au wasabi

PORTIONS : 4   **PRÉPARATION :** 10 min   **RÉFRIGÉRATION :** 1 h

1 bulbe de fenouil, émincé

6 tomates

1 branche de romarin, effeuillée

2 branches de thym, effeuillées

½ c. à café de sel

1 c. à soupe de wasabi (raifort japonais)

500 ml (2 tasses) de bouillon de légumes

4 c. à soupe d'huile d'olive extra vierge

16 tiges de ciboulette

50 g (⅓ tasse) de petites billes de mozzarella

Au robot culinaire, mélanger pendant 2 minutes le fenouil, les tomates, le romarin et le thym. Ajouter le sel, le wasabi, le bouillon de légumes et l'huile d'olive. Mélanger jusqu'à l'obtention d'une soupe lisse. Réfrigérer 1 heure.

Remettre la soupe froide au robot culinaire et mélanger 1 minute.

Verser la soupe dans des bols individuels froids. Garnir de ciboulette et de billes de mozzarella. Servir immédiatement.

NOTE : Pour obtenir une soupe encore plus goûteuse, faire rôtir les tomates et le fenouil au four, à 180 °C (350 °F), 20 minutes avant de les utiliser.

Soupe de maïs et de crevettes

PORTIONS: 4 **PRÉPARATION:** 20 min **CUISSON:** 10 min **RÉFRIGÉRATION:** 1 h

500 ml (2 tasses) de bouillon de légumes

450 g (1 lb) de grains de maïs, frais ou surgelés

1 c. à café de sucre

125 ml (½ tasse) de lait

Sel et poivre

Quelques feuilles de pousses de maïs (facultatif)

225 g (8 oz) de crevettes nordiques

Dans une casserole, porter le bouillon de légumes à ébullition. Ajouter les grains de maïs et le sucre. Cuire 10 minutes. Retirer du feu et laisser refroidir 15 minutes.

Transférer la préparation au robot culinaire. Ajouter le lait et mélanger 2 minutes. Saler et poivrer, au goût. Réfrigérer 1 heure.

Verser la soupe dans des bols individuels. Garnir de pousses de maïs et de crevettes nordiques. Servir immédiatement.

NOTE : On peut remplacer le lait par du lait de soya.

Soupe de melon ivre à la menthe

PORTIONS : 6   **PRÉPARATION :** 20 min   **CUISSON :** 10 min   **RÉFRIGÉRATION :** 1 h

2 melons cantaloups

500 ml (2 tasses) de vin blanc doux

1 petit bouquet de menthe

2 c. à soupe de sucre

1 c. à soupe de porto

4 tranches de jambon de Parme (facultatif)

Couper les melons en deux et retirer les pépins. À l'aide d'une cuillère parisienne, prélever des boules de chair dans 1 melon. Déposer les boules de melon sur une assiette et réfrigérer jusqu'à utilisation.

Retirer la chair de l'autre melon et la mettre dans le robot culinaire. Ajouter le vin, la menthe et le sucre. Mélanger jusqu'à l'obtention d'une purée lisse. Verser le porto et mélanger. Réfrigérer 1 heure.

Préchauffer le four à 190 °C (375 °F). Disposer les tranches de jambon de Parme sur une plaque de cuisson couverte de papier sulfurisé. Mettre au four environ 10 minutes, jusqu'à ce que le jambon soit croustillant. Laisser refroidir complètement.

Verser la soupe dans des verres ou des bols individuels froids. Garnir de boules de cantaloup et de chips de jambon de Parme. Servir immédiatement.

Soupe de patates douces aux raisins

PORTIONS : 4   **PRÉPARATION :** 10 min   **CUISSON :** 25 min   **RÉFRIGÉRATION :** 2 h

2 c. à soupe de beurre

1 poireau, haché

1 pomme de terre, coupée en dés

3 patates douces, coupées en dés

1 piment oiseau sec (facultatif)

½ c. à café de cumin, moulu

2 litres (8 tasses) de bouillon de poulet ou de légumes

1 c. à soupe de miel

Sel

500 ml (2 tasses) de jus de raisin

4 c. à soupe de vin de muscat (facultatif)

225 g (2 ½ tasses) de raisins verts et rouges, épépinés et coupés en deux

Dans une casserole, faire fondre le beurre. Ajouter le poireau, la pomme de terre, les patates douces, le piment oiseau et le cumin. Faire revenir 3 minutes. Verser le bouillon de poulet ou de légumes et porter à ébullition. Ajouter le miel et mélanger. Baisser le feu et cuire 20 minutes. Retirer du feu. Retirer le piment. Saler, au goût.

Transférer la préparation au robot culinaire. Ajouter le jus de raisin et mélanger jusqu'à l'obtention d'une soupe lisse. Réfrigérer 2 heures.

Verser la soupe dans des bols individuels. Ajouter 1 c. à soupe de vin de muscat dans chaque bol. Garnir de raisins verts et rouges, puis servir.

Soupe de petits pois
à la mandarine et à la menthe

PORTIONS: 4 **PRÉPARATION:** 20 min **CUISSON:** 6 min **RÉFRIGÉRATION:** 1 h

450 g (1 lb) de petits pois
   verts, frais ou surgelés

1 échalote

1 bouquet de menthe

500 ml (2 tasses) de bouillon
   de légumes

Sel et poivre

2 mandarines, pelées et
   séparées en quartiers

2 c. à soupe de zeste de
   mandarine

Dans une casserole d'eau bouillante salée, plonger les petits pois et cuire 6 minutes. Égoutter.

Au robot culinaire, mélanger pendant 30 secondes l'échalote et la menthe. Ajouter les petits pois égouttés et le bouillon de légumes. Mélanger jusqu'à l'obtention d'une soupe lisse. Saler et poivrer, au goût. Réfrigérer 1 heure.

Verser la soupe dans des bols individuels. Garnir de quartiers et de zeste de mandarine. Servir immédiatement.

Soupe de potiron, avec ras-el-hanout et noisettes

PORTIONS : 4 **PRÉPARATION :** 30 min **CUISSON :** 23 min **RÉFRIGÉRATION :** 2 h

2 c. à soupe d'huile d'olive extra vierge

1 oignon, haché

450 g (1 lb) de potiron, ou de courge, coupé en dés

1 c. à soupe de ras-el-hanout (épices à couscous)

2 litres (8 tasses) de bouillon de légumes

¼ c. à café de sel

Poivre noir frais moulu

4 c. à soupe de noisettes, concassées

Dans une casserole, chauffer l'huile d'olive. Ajouter l'oignon et les dés de potiron. Faire sauter 3 minutes. Ajouter le ras-el-hanout et mélanger. Verser le bouillon de légumes et porter à ébullition. Baisser le feu et cuire à feu doux environ 20 minutes, jusqu'à ce que le potiron soit tendre. Retirer du feu et laisser refroidir 15 minutes.

Transférer la préparation au robot culinaire. Mélanger pour obtenir une soupe lisse. Saler et poivrer, au goût. Réfrigérer 2 heures.

Verser la soupe dans des bols individuels. Garnir de noisettes concassées et servir immédiatement.

Soupe de roquette et de poire

PORTIONS: 4   **PRÉPARATION:** 20 min   **CUISSON:** 25 min   **RÉFRIGÉRATION:** 2 h

2 c. à soupe d'huile d'olive extra vierge

1 oignon, haché

1 pomme de terre, coupée en dés

1 carotte, coupée en dés

600 g (1 ⅓ lb) de roquette

2 litres (8 tasses) de bouillon de légumes

¼ c. à café de poivre moulu

4 demi-poires au sirop (en conserve)

Pousses de roquette (facultatif)

Dans une casserole, chauffer l'huile d'olive. Ajouter l'oignon, les dés de pomme de terre et de carotte et faire revenir 3 minutes. Ajouter la roquette et la laisser tomber 1 minute, en touillant. Verser le bouillon de légumes et porter à ébullition. Baisser le feu et cuire à feu doux environ 20 minutes, jusqu'à ce que les carottes soient tendres. Retirer du feu. Poivrer et laisser refroidir 15 minutes.

Ajouter les demi-poires à la préparation. À l'aide d'un pied-mélangeur ou au robot culinaire, mélanger le tout jusqu'à l'obtention d'une purée lisse. Réfrigérer 2 heures.

Verser la soupe dans des bols individuels, parsemer de pousses de roquette et servir.

Soupe de tomate à la provençale

PORTIONS: 4   **PRÉPARATION:** 15 min   **CUISSON:** 20 min   **RÉFRIGÉRATION:** 2 h

2 c. à soupe d'huile d'olive extra vierge

1 oignon, coupé en dés

1 poivron rouge, coupé en dés

6 tomates, coupées en dés

2 gousses d'ail

1 litre (4 tasses) de bouillon de légumes

2 c. à soupe de thym, haché

1 c. à soupe de persil, haché

1 c. à soupe de tapenade

Dans une casserole à feu moyen, chauffer l'huile d'olive. Ajouter l'oignon et le poivron, puis faire revenir 2 minutes, sans laisser colorer. Ajouter les dés de tomate et l'ail. Cuire 3 minutes, en remuant. Ajouter le bouillon de légumes et le thym. Cuire 15 minutes.

Transférer la préparation au robot culinaire. Ajouter le persil et mélanger pendant 3 minutes. Réfrigérer 2 heures.

Verser la soupe dans des bols individuels, garnir de tapenade et servir.

NOTE: Pour une consistance plus légère, ajouter un peu de bouillon.

Soupe Dubarry glacée

PORTIONS: 4   **PRÉPARATION:** 10 min   **CUISSON:** 35 min   **RÉFRIGÉRATION:** 2 h

3 c. à soupe d'huile d'olive extra vierge

1 chou-fleur, en petits bouquets

1 pomme de terre, coupée en dés

1 oignon, haché

2 litres (8 tasses) de bouillon de légumes

2 c. à café de poudre de cari

Sel et poivre

1 petit bouquet de chou-fleur mauve ou jaune, haché

Dans une casserole, chauffer 2 c. à soupe d'huile d'olive. Ajouter le chou-fleur, la pomme de terre et l'oignon. Faire revenir 3 minutes, sans laisser colorer. Ajouter le bouillon de légumes et la poudre de cari. Saler et poivrer. Cuire à feu doux 30 minutes. Retirer du feu et laisser refroidir 10 minutes.

Transférer la préparation au robot culinaire et mélanger jusqu'à l'obtention d'une soupe lisse. Réfrigérer 2 heures.

Dans un bol, mélanger le chou-fleur mauve ou jaune haché et le reste de l'huile d'olive.

Verser la soupe dans des bols individuels. Garnir de morceaux de chou-fleur et servir immédiatement.

NOTE: Cette soupe sera encore plus fraîche si on y ajoute quelques glaçons.

Soupe glacée au pistou

PORTIONS: 8 **PRÉPARATION:** 20 min **CUISSON:** 42 min **RÉFRIGÉRATION:** 2 h

125 ml (½ tasse) d'huile
d'olive extra vierge

1 oignon, haché

2 pommes de terre, coupées
en dés

1 branche de céleri, coupée
en dés

5 gousses d'ail

3 litres (12 tasses) de
bouillon de légumes

24 haricots verts, coupés en
tronçons

450 g (1 lb) de haricots
blancs en conserve,
égouttés

3 petites courgettes, coupées
en dés

1 bouquet de basilic

2 grosses tomates, coupées
en dés

Sel et poivre

2 tranches de pain blanc,
sans la croûte

Quelques olives noires

Dans une casserole, chauffer 2 c. à soupe
d'huile d'olive. Ajouter l'oignon, les pommes
de terre et le céleri. Faire revenir à feu doux
2 minutes, sans laisser colorer. Ajouter l'ail et
le bouillon de légumes. Porter à ébullition et
cuire 10 minutes. Ajouter les haricots verts,
les haricots blancs, les courgettes, la moitié du
basilic et les tomates. Saler et poivrer, au goût.
Cuire à feu doux 30 minutes. Retirer du feu et
laisser refroidir 10 minutes.

Faire tremper les tranches de pain dans le
reste de l'huile d'olive pendant 5 minutes.

Transférer les légumes au robot culinaire et
mélanger jusqu'à l'obtention d'une soupe
lisse. Ajouter le reste du basilic et les tranches
de pain avec l'huile. Mélanger 1 minute.
Réfrigérer 2 heures.

Verser la soupe dans des bols individuels et
servir immédiatement, accompagnée d'olives
noires.

Soupe glacée de courgettes et de fleurs de courgettes

PORTIONS : 4   **PRÉPARATION :** 10 min   **CUISSON :** 25 min   **RÉFRIGÉRATION :** 1 h

2 c. à soupe d'huile d'olive extra vierge

1 oignon, haché

1 pomme de terre, coupée en dés

6 petites courgettes, coupées en dés

1 litre (4 tasses) de bouillon de légumes

4 fleurs de courgettes

½ c. à café de safran

Sel et poivre

250 ml (1 tasse) de yogourt nature

Dans une casserole, chauffer l'huile d'olive. Ajouter l'oignon, la pomme de terre et les dés de courgette. Faire sauter 2 minutes. Ajouter le bouillon de légumes, 2 fleurs de courgettes et le safran. Cuire 20 minutes. Retirer du feu et laisser refroidir 15 minutes.

Transférer la préparation au robot culinaire. Mélanger 2 minutes. Saler et poivrer, au goût. Réfrigérer 1 heure.

Réserver 2 c. à soupe de yogourt pour la garniture. Verser le reste du yogourt dans la soupe et fouetter.

Hacher le reste des fleurs de courgettes.

Verser la soupe dans des bols individuels. Garnir de fleurs de courgettes hachées et de yogourt. Servir immédiatement.

Soupe légère à l'asperge et à l'orange

PORTIONS: 4   **PRÉPARATION:** 10 min   **CUISSON:** 10 min   **RÉFRIGÉRATION:** 1 h

1 litre (4 tasses) de bouillon de légumes

Le zeste de 1 orange, en un seul morceau

900 g (2 lb) d'asperges

250 ml (1 tasse) de jus d'orange frais

¼ c. à café de poivre moulu

250 ml (1 tasse) de lait

2 c. à soupe de zeste d'orange râpé

Dans une casserole, verser le bouillon de légumes et ajouter le zeste d'orange. Porter à ébullition. Ajouter les asperges et cuire 7 minutes à feu moyen. Retirer du feu et laisser refroidir 15 minutes. Enlever le zeste d'orange.

Transférer la préparation au robot culinaire. Mélanger jusqu'à l'obtention d'une soupe lisse. Ajouter le jus d'orange et le poivre. Mélanger 1 minute. Réfrigérer 1 heure.

Verser la soupe dans des bols individuels. Faire mousser le lait comme pour un cappuccino. Déposer le zeste d'orange râpé et le lait mousseux sur la soupe. Servir immédiatement.

Vichyssoise au massalé

PORTIONS: 4 **PRÉPARATION**: 20 min **CUISSON**: 47 min **RÉFRIGÉRATION**: 2 h

2 c. à soupe de beurre

4 pommes de terre, pelées et coupées en dés

4 blancs de poireau, émincés

2 litres (8 tasses) de bouillon de poulet

1 c. à soupe de massalé (mélange d'épices et d'herbes doux ou piquant)

1 petit bouquet de cerfeuil

125 ml (½ tasse) de crème légère 15 %

4 c. à soupe de lardons grillés (facultatif)

Dans une casserole à feu moyen, faire fondre le beurre. Ajouter les pommes de terre et les poireaux. Faire sauter 2 minutes, sans laisser colorer. Ajouter le bouillon de poulet et porter à ébullition. Cuire 45 minutes à feu doux. Retirer du feu et laisser refroidir 30 minutes.

Transférer la préparation au robot culinaire. Ajouter le massalé et le cerfeuil. Mélanger jusqu'à l'obtention d'une soupe lisse. Passer la soupe dans un tamis fin posé sur un bol. Réfrigérer 2 heures.

Ajouter la crème à la soupe et battre au fouet 2 minutes.

Verser la soupe dans des bols individuels. Garnir de lardons grillés et servir immédiatement.

Dans la même collection

Aussi disponibles en version numérique

Complètement
Biscuits ▪ Cheesecakes ▪ Crème glacée ▪ Crêpes ▪ Crevettes ▪ Cru ▪ Desserts en pots ▪ Lasagnes
Limonades ▪ Poulet ▪ Quinoa ▪ Risotto ▪ Salades ▪ Saumon ▪ Smoothies ▪ Soupes d'automne
Soupes froides ▪ Tajines ▪ Tartares ▪ Tomates

Absolutely...
Autumn Soups ▪ Cheesecake ▪ Chicken ▪ Cold Soups ▪ Cookies ▪ Crepes
Desserts In A Jar ▪ Ice Cream ▪ Lasagna ▪ Lemonade ▪ Quinoa ▪ Raw ▪ Risotto
Salads ▪ Salmon ▪ Shrimp ▪ Smoothies ▪ Tajine ▪ Tartare ▪ Tomatoes